JN418259

허름한 보폭 사이의 흔적

이 도서의 국립중앙도서관 출판시도서목록(CIP)은 e-CIP 홈페이지
(http://www.nl.go.kr/cip.php)에서 이용하실 수 있습니다.
(CIP 제어번호 : CIP2009003227)

화남시선 022
허름한 보폭 사이의 흔적

2009년 10월 19일 초판 1쇄 찍음
2009년 10월 23일 초판 1쇄 펴냄

지은이 | 최연식
펴낸이 | 방남수
편집고문 | 김영현
편집주간 | 이승철
편집위원 | 홍일선 이재무 현준만 임동확
편집 · 디자인 | 방현정 오경은

펴낸곳 | 도서출판 화남
등록 | 제2-1831호(1994.9.26.)
주소 | (121-820) 서울시 마포구 망원동 57-276 프라임빌 204호
전화 | 3142-4787 팩스 | 3142-4784
전자우편 | hwanambang@hanmail.net

ⓒ 최연식, 2009

ISBN 978-89-6203-036-5 03810

* 이 책은 경기문화재단에서 문예진흥기금의 일부를 지원 받았습니다.
* 지은이와 협의에 의해 인지를 생략합니다.
* 이 책 내용의 전부 또는 일부를 재사용하려면
반드시 지은이와 도서출판 화남 양측의 동의를 받아야 합니다.

화남의 시집 022

허름한 보폭 사이의 흔적

최연식 시집

화남

시인의 말

히말라야 눈 덮인 산들을 보고 왔다.
경비행기를 타고 평소 간직했던 꿈 하나를 이뤘다.
아프리카를 다녀왔다.
또 하나의 꿈을 이뤘다.
평양을 두 번이나 다녀왔다.
내가 사는 세상과 많이 다른 삶을 보았다.

詩가 널려 있었다.
한데 그 많은 시를 줍지 못했다.
뇌수에 박힌, 가슴에 쌓인 세뇌된 내 것들을 버리지 못했다.
비워 내고 주운 것들로 채워야 하는데 그리하지 못했다.
혀끝에 닿은 미각만으로 요리할 수 없었다.
살아온 세상, 나를 에워싼 인연들과의 서정을 뱉을 수밖에 없었다.

제3시집 출간 이후 거의 5년 만에 네번째 시집을 펴낸다.

내 詩가 아직도 저만큼 흔들리고 있음을 본다.

나를 지탱한 유일한 의미였음에도 단두대의 수인처럼 흔들린다.

휘청거리는 몸을 부축해 산고를 넘게 한 모든 분들께 감사한다.

침몰하지 말자
어떻게든 부유浮游해서 사랑에 보답하자.
오직 한 떨기 싱그러운 詩로써.

2009년 가을 김포에서
최연식

【차례】

제1부 _ 진달래꽃 지는 밤

제2부 _ 당신을 위한 기도

제3부 _ 별 진 자리에 꽃이 피었다

제4부 _ 그 마음

제1부

진달래꽃 지는 밤

억새꽃 연서

가기 싫다고 했다
그래도 손 흔들었다

두고 갈 수 없다고 했다
그래도 손 흔들었다

하얀 안녕에
더딘 발등이 젖어들었다

강

어느 골짜기
못생긴 바위 틈
실핏줄로 솟았다

흐르다 마주친 인연들
돌무더기 어두운 지하도 지나고
들꽃 만발한 벌판
굽이치는 소용돌이
물새 떼 재잘대는 개울도 지나
도시를 휘감고 돌아나가는
강이 되었다

지울 수 없는 인연들
하나 둘 합궁하며
저 넓은 세상 생명이 되었다

사랑하고
사랑하고

또 사랑하고

잊혀지고
다시
또
사랑하고

그렇게 흘러
온전한 한몸이 되었다

저녁 놀

서천이 저리 붉은 건
떠나는 걸음이 서운해서다

가슴속
풀어내지 못한 말 한마디
저리 곱게
불타는 거다

언제 다시 올지 몰라
망막에 새기고 간다는 말
두고 두고 귓가에
맴도는 거다

기다림

별 뜨고 지고.

저 산 단풍
낙엽으로 지겠네.

쌓인 낙엽
흰 눈 속에 잠들겠네.

밤바다 하얀 나비떼

검은 바다로 간 건 바다 때문이 아니다
겨울 밤바다는 절망스럽다는 말에
거기 희망이 있다는 반론으로 떠오른다
한낮 시장통 생선 좌판 위에서 풍기던 비릿함이
이곳에서는 바다 향기로 스민다
그의 말대로 나비가 날까
요란한 파도 소리만 지하철역에서 듣던
오가는 전철 소리를 연상케 한다
나비가 있다는 말은 애시당초 거짓말이다
그걸 알면서도 바다로 온 건
그의 나비가 없다는 걸 확인코자 함이다
외투깃을 세웠지만 바다의 겨울은 용서 없이 파고든다
백사장이 끝나는 곳에 검은 바위가 웅크리고 있다
나비를 보면 함께 할 수 있을 거라는 말이 생각났다
그래 나비는 없다
산다는 건 하나씩 채우고 하나씩 지워 가는 과정이다
지워야할 이름 하나 되새기며 안녕, 뱉어낸다
명치에 걸린 단어가 위통을 쑤셔댄다

거센 파도가 와르르 몰려와 갯바위에 온몸을 던진다
하얀 나비떼가 검은 하늘로 흩어진다
나비가 있다, 나비가 있다
그의 나비가 훨훨 날아오른다

봄눈

검푸른 하늘 아래 눈부신 흰 꽃으로
오시는 님 그러다가 이내
눈물로 뒤바뀌는 절명의 시 한 소절

스치다가 문득 한눈에 반했다
꽃으로 스러지는 인연이었기에

아, 그 새하얀 청춘의 아우성들
목숨의 꽃 대궁에 떨리는 우주 한 권

봄밤

목련 새하얀 알몸
이슬 방울방울 몸을 씻고
울안 장독대 곁
개나리 샛노란 졸음
깜박깜박

바람은 살살
머릿결 간질간질
별들은 가물가물
실눈 뜨고 흘끔흘끔

소쩍새 눈치 없이
나는 봤다
나는 봤다

허름한 보폭 사이의 흔적

삶이란 쉼 없이 내딛는 걸음 사이로 스쳐가게 마련이다
멀어진 흔적들은 옛사랑처럼 기억의 창고에 쌓이고
겹겹이 내려앉은 솜털 먼지 속에
어떤 것은 마냥 잊혀져 버린다
가고픈 대로 걸음을 옮겼던 시절은
쓰린 상처와 예쁜 문신이 절반씩 차지하지만
기울어지는 햇살에 얼굴 내밀고 헛기침하며
가던 걸음 쉬어야 하는 지금은
문지방 넘는 가랑이 사이로 성난 회오리바람뿐
차갑게 생존의 등줄기를 타고 오른다
그때마다 기억의 틀 속에 갇혔던 예쁜 문신들
아리게 하나씩 눈물 짓는다
내 몸에 남겨진 아문 상처는
서로를 어루만지며 용서하고 그리워하는데
내 손톱에 찍혀 피 흘린 나목들의 신음소리
이제야 듣고 난 아파한다
교만과 이기로 뗨박질한 청청한 날들이여
내가 주고 네가 남긴 모든 흔적을

그러안고 널 애무하며
사랑한다, 사랑한다,
그리고 또 사랑한다

달무리

너와 나
가슴에 끼웠던 은가락지
어쩌다 달을 보면
사알짝 꺼내보는
아득한 날의
언약言約

귀향

강변마다 살얼음 풀리고 있다
어둠 너머 별꽃이 피고
북극성 따라 깃을 친다
떠돌다 돌아가는 길
빈손이다

들녘에 홀로 서서
떠나는 새들을 본다
돌아오마 두고 온 북촌
흰머리만 세월을 이고
마음만 날개친다

저리도 떠돌아 산 날
아직도 빈손이다

새들 가는 길에
얹혀서
나 또한 떠나고 싶다

풍경 · 1

방학 중인 초등학교 운동장은 고요하다 못해 적막하다. 교정의 프라타나스 가지에서는 쓰르라미가 울어대고 넓은 나뭇잎이 드리워진 그늘 아래서 피서를 만끽하고 있는데 저만치 운동장가 흐드러진 코스모스 꽃 사이로 계집아이가 꽃잎에 앉은 잠자리를 따라 살금살금 꽃숲을 헤집고 있다.

아주 오래 전, 내가 그 계집애만할 때, 엄마가 코스모스 꽃을 따서 꽃잎을 하나 걸러 떼어낸 후 공중으로 던지면 바람개비처럼 돌며 떨어지는 꽃을 손바닥에 얹으려고 엄마의 치마폭을 엄마의 손길 따라 빙빙 돌았고 엄마는 그런 내 모습에 웃었다.

코스모스 꽃숲을 살금살금 기어가는 계집애의 등 뒤로 엄마의 해맑은 얼굴이 희미하게 보였다. 아흐, 엄마! 눈시울이 뜨거웠다. 아는지 모르는지 한여름 쓰르라미는 목이 쉬도록 울어 제끼고 계집애는 잡힐 듯 옆 꽃에 옮겨 앉는 잠자리를 향해 오른손을 길게 뻗어 숨죽인 걸음을 옮기고 있었다.

풍경 · 2

갑자기 소나기가 쏟아졌어요

하늘이 노한 듯 뇌성벽력이 치면서 어느 죄 많은 자의 머리 위로 벼락도 때리면서 앞을 분간키 어려울 정도로 비가 내렸어요

군하리에서 조각공원 쪽으로 핸들을 돌리는데 비에 흠뻑 젖은 열 살 남짓 사내 아이 혼자 처마 밑에 서 있었어요

어린 시절 학교가 파할 때쯤 비가 내리면 학교 현관에서서 우산을 들고 올 엄마나 누나를 기다렸지요

부지런한 엄마를 따라 아이들이 하나 둘 떠나고 나면 그제야 엄마는 파란 비닐우산을 쓰고

몸빼 바지를 무릎까지 접은 모습으로 나를 데리러 오시곤 했습니다

엄마는 나보다 키가 큰데도 손에 들고 온 지우산은 내게 주고 당신은 꼭 좁은 비닐우산을 쓰셨습니다

앞서 가는 엄마의 뒤를 따르다보면 때론 엄마의 파란 우산이 바람에 뒤집히거나 한쪽 우산살이 부러져 나풀거릴 때도 있었으나 엄마는 아랑곳 않고 내 어깨에 걸쳐 있는

지우산이

안전한지 뒤돌아보시곤 했습니다

앞서 가는 엄마의 야윈 정강이엔 깨엿처럼 모래가 묻어 있었고 바쁘게 살아오신 세월만큼

하 많은 걸음 옮겨 오신 작은 발엔 검정 고무신이 설움처럼 빗물을 뒤집어쓰고 질퍽거리고 있었습니다

이미 젖어버린 검정 운동화가 물에 빠질까봐 물 고인 구덩이를 깡총 건너뛰며 엄마의 검정 고무신 뒤를 노래하며 따라 갔지요

어느 장날 내 손을 꼭 잡고 낡고 닳은 흰 고무신 대신 몇 번이나 졸랐던 검정 운동화를 사 신기시며 나보다 더 기쁜 얼굴로 그렇게 좋으냐고 물으시던 어머니

천둥번개가 치는 시골 길을 지나면서 처마 밑 소년의 모습에 내 유년의 동화가 아리게 떠오름은 그때가 그립기 때문입니다

살아온 날보다 살아갈 날이 적은 이 나이에 이젠 누군가

나를 기억할 수 있는 사랑을 남기고 싶습니다

처마 아래 소년의 젖은 모습이 자꾸만 차창을 닦아내는 부러쉬에 걸렸습니다.

진달래꽃 지는 밤

너무 짧은 삶이 서럽지 않습니다
불타오른 사랑 쉬이 접는다 해도
소쩍새 우는 밤
별빛 아래 남몰래 한 사랑
조선반도 산천에 흩뿌리고
꾹꾹 눌러 눈 감고 삼킵니다

누군들 한 번의 사랑
짙붉게 벙글지 않았겠냐 말하지만
절명의 순간까지 붉게 타는 사랑
그렇게 스러진 이 얼마나 되겠습니까

4월의 마지막 밤
진달래꽃이 지는데
밤새도록
소쩍 소쪽쪽 쩝쪽
이 마을 저 마을 산기슭에
서럽게 번지는 접동새 소리

첩첩산중 숨지는 저, 꽃 울음소리
가슴에 묻고 가는
저 붉디붉은 사랑

하늘이 저리 푸르다

그가 떠난 길
훨훨 새처럼 날아
바다 건너
낯선 곳

가을 때문만은 아니다
자꾸 올려다보는 하늘

기다림만큼
하늘이 저리 푸르다

깊고 깊은 저 투명한 우물
맴돌고 맴돌고
희미한 얼굴 하나
함께 돌고
돌고

춘정

꼭꼭 동여매고
옹골지게 참아온 정염

더 늦으면 후회할라
앞 다투어
벙그는 입술

밤새도록 이어지는
희열의 신음

천지사방 풀어진
색동 옷고름

입추 서정

허억, 끓어오르는 한낮
가로수 그림자도 열에 들뜨고
문간 누렁이도 지쳐 잠들고
발정 난 쓰르라미 자지러지는데
콩밭 사이사이 수수대만 키가 자라고
온다온다 말만 하는 그대처럼
아직 멀기만한 가을 엽서

달밤 · 1

휘영청 밝은 달 아래 반짝이는 강물은
어린 날 손 위에 파닥이던 버들붕어
비늘을 닮았다.
논에서 머리 풀고 흩어지는 밤안개는
냇가에서 목욕하던 동네 여자들
어둠 속 허연 나신의
불확실한 명암을 닮았다
키 큰 미루나무 가지 사이로 흩어지는 달빛은
이미 지쳐 쓰러져 가는
오십대 중반의 나를 닮았다
아프리카에서 보았던 그 달이나
프라하의 종탑에 걸려있던 그 달이나
한밤 중천에 솟아 저 홀로 외로운데
가슴에 겹겹 쌓이는 달빛은
오늘의 애처로운 심사 때문인지
돌아갈 수 없는 날의 기억뿐이다
사는 동안 스친 인연들 중
심연에 가라앉은 얼굴들
하나 둘 달빛에 비춰볼 뿐이다

달밤 · 2

달빛이 저리 고운데
정녕 그대는
침묵의 언어로만 다가오는가
삭풍이 가지 끝에 앉아 울고
추위에 지친 암노루는 애달피 님을 찾는데
기약만 남기고 떠난 님은
저 달빛 아래 슬픈 노래 듣고 있는가

얼어붙은 길
피 맺히도록 달려
달빛 고운 산정에 올랐지만
긴 그림자 숲에 묻힐 뿐
오솔길 지나 다가서는
님의 발자국 소리 아직 없어라

어우우
바람에 전해지는 마음
메아리 되어 번지고

뚝뚝

발등을 적시는 그리움
달님도 애처로워
눈을 감는다

별 바라기

해가지고 별이 눈 뜨는 시간이라야 접은 깃을 펼치고 날 수 있는 새가 있습니다. 태양이 눈부신 한낮에는 거친 들에서 풀숲을 헤치다가 때론 지친 몸 이끌고 둥지로 올라 하늘에 뜨는 별만 기다리며 가슴속으로 보고 싶다는 되새김 속에 잠들기도 하지만, 가슴이 터질 것 같은 날 꺼억, 꺽 산울림으로 먼 숲에서 기다리는 새를 깨웁니다. 별이 뜨는 밤에만 서로 깃을 부빌 수 있기에 어둠이 오기를, 별이 뜨기만을 기다려 소식 전합니다. 그마저도 긴 시간 부리를 맞대지 못한 채 기다림에 비하면 찰나에 불과한 시간만큼 눈을 마주하고 함께 노래 부르다가 쫓기듯 헤어져 둥지로 가야 하는 슬픈 운명의 새입니다. 돌아가는 길은 너무 허전해 밤새껏 부둥켜안고 싶지만 돌아가지 않으면 둥지를 잃게 되는 숙명 때문에 속마음 노래로만 전하고 훠어이 떠나는 뒷모습을 배웅합니다. 세상엔 슬픔이 기쁨이고 아픔이 행복인 일도 있습니다. 고통을 아름다움으로 승화하는 새는 님의 향기와 부드러운 깃의 애무를 간직한 채 다시 별 뜨는 밤의 재회를 약속하며 하늘을 비상합니다. 오늘 밤도 별이 떴습니다. 이 밤 어느 낯선 숲에서 보고 싶다는, 보고 싶다는 그 한 마디 말, 별빛에 파르르 떨며 번져 갑니다.

제2부
당신을 위한 기도

사랑초

그대 곁에 머물고자
밤이슬에
말갛게 씻고
새벽을 맞았습니다

잠든 그대
아침 햇살에 눈뜰 때
맑고 고운 웃음으로 맞이하려
새하얀 꽃을 피웠습니다

온밤내
새파랗게 떨며 지새운
구긴 옷자락 눈에 띌까
쭈욱 허리 펴고 다소곳이 앉았습니다

나를 보고 웃는
그대 기쁨이 행복이기에
그대 잠들어도 떠나지 못하고
붉은 치맛자락 펼치고 앉았습니다

붕어

낚시를 하다보면
어쩌다 끌려오는 붕어 중에
어떤 놈은 입술이 찢어지고
어떤 놈은 듬성듬성 비늘이 뜯겨
상처가 흉한 놈이 올라 온다
미끼의 유혹을 비껴가지 못하고 덥석 물었다가
주둥이가 찢기는 고통을
비단옷이 뜯기는 수모를 당했음에도
다시 유혹을 비껴가지 못한 것이다
산다는 건
물고 찢기고 낚이고
상처를 더해가는 과정이다
사랑이라는 이름으로
반짝였던 많은 흉터가
뜯겨진 비늘로 늘어가고
미처 아물지 못한 자리는
생살이 돋는 통증으로 욱신거린다
선택은 제 몫이다

알면서도 아픔을 잊기 위해 자신을 던질
미끼를 맴돈다
수면 위에 찌가 움직인다
어느 놈인가 제 사랑에 목숨을 걸고 있다

이제 우리는

전생에 쌓은 업 많아
이승의 해후
해탈로 가는 법이라 생각하자

맺히고 얽힌 매듭
한 올 한 올 풀어내고
다르게 뻗은 가지
정성스레 잘라내고
오순도순 손잡고
오래오래 걸어가자

가다보면
자갈길 황톳길도 있겠지만
어깨 걸고 가다보면
맑은 시냇물도
푸른 초원도 마주치겠지

달맞이꽃처럼

기다림 옴팍 안고
님 위해 한밤에 피었다
남 모르게 절명하듯

그렇게 소중한
인연을 키워 가자

새

저 아득한 자궁 속
잉태한 흡혈의 시간으로부터
알 수 없는 죽음의 순간까지
모든 날을
다 던져 주리라

사랑이라는 어휘로
사화산 깊은 동굴에서
태양과 바람과 꽃과 새를 잊었던 날들
이제사 네 노래를 귀 기울여 듣는다

가지마라 가지마라
늦은 황혼의
새여

훨훨
날개 깃 아래
바득바득

별빛이 밝아 오면
여명과 함께
다른 향에 취해 쉬어야 하는
담즙 같은 시간이 기다리노니

아아 가지마라 새여
새여
내 영혼의 생명이여

오늘은

오늘은 별빛 밟고 가야겠네
밤바람 조금 헤치고
함께 간 길을 더듬어
그 미소 따라 가야겠네

세상이 텅 빈 것은
내 그리움 탓이거늘
연락 없는 친구들 이름을 들먹이며
섭섭해 하고 있네

그리움 하나 걸어 놓아야지
별 하나에 걸어놓고
다시 만날 때까지
가끔씩 올려다봐야겠네

지하철역에서

먼저 등 돌려 갈 수 없음은
그의 뒷모습을 남기고 싶어서고
내 미련을 기억시키고 싶어서다

멀어지는 그의 등이
손 흔듦보다 애잔하기에
그림자 묻힐 때까지 시선을 고정하고
망막에 남기고 간 눈인사를 애무한다

동행할 수 없는 길을 돌아 서서
살아온 날처럼 쌓여 있는 계단을 밟다 보면
부딪쳤던 눈망울이 보폭마다 깜빡이고
저만큼 멀어지며 인파 사이로 보였던 손 인사가
눈물보다 짠하게 계단을 흔든다

안녕이라고 소리칠 때 그 메아리가
지하를 흔들며 방금 떠난 소음을 따라
고요 속으로 잠든다

저녁나절의 허기

가야할 시간
그대는 아직 저 먼 곳
삶을 보듬는 일터에 있습니다

밤이 깊어서야
도시의 불빛을 향해 떠나는 그대는
온종일 보고싶다는 한마디 안고 있다가
잠들기 전에야 꺼내 봅니다

파도처럼
밀물이었다가
썰물이었다가
별빛 사이사이 머무는 그림자를
두둥실 밟으며 잠이 듭니다

고픈 배를 채우고
가로등 아래 바쁜 걸음들을 비껴 걷는데
채워지지 않는 허기가 현기증을 몰고 옵니다

보

　고 싶

다 보

　고

싶

　　　다

무소식

날이 추운 것보다
그대 무소식에 가슴 시려요

강변을 나는 새들의 울음보다
들을 수 없는 음성 때문에
맘이 슬퍼요

무소식이 희소식이라지만
그건 모르는 소리예요

오죽하면
바람 소리에도 눈이 떠지고
반달 흐린 빛에도
문을 열게 될까요

벨이 울리지 않는데도
전화를 들고
아무 기척이 없는데도

뒤돌아 봐요

눈을 뜨면
온 세상 가득 넘치는 향기
잠이 들면
환하게 다가서는 미소

오늘도 전화기만
만지작거려요

별을 보았다

별을 보았다
어둠이 겨울을 삼키고
검은 바다가 파도를 삼키고
하얀 입김이 어둠을 삼키는
먼 바닷가 모래 위에서

도시의 불빛 아래서 마주하던
일상의 시선은 아니었다
아니었다
사람들 사이에서 나누었던
메마른 언어는

추운 바다 위로 떨어지는
별을 보는데
가슴이 따뜻했다

잡은 손
침묵 속에서

별을 세고 있었다

겨울 밤 바다 어둠 속에서
파르르 떨고 있는 별을
함께
보
았
다

무제無題

하늘이 높아 닿지 못하고
그대 맘 멀어 전하지 못 하네
강물이 흘러 잡지 못하고
지나간 날은 돌리지 못 하네
꽃이야 피고 지고 또 피지만
세월은 가고 나면 시드는 걸
겹겹 쌓인 그리움만
거목으로 자라네

벽난로 앞에서

조명을 끈다
고운 불빛이 얼굴을 비춘다
참나무 장작은 가끔 딱-딱 소리를 내며 탄다
따뜻하다
손을 잡고 앉아 있다
아무 말 없이 무릎을 세우고 앉아 불타는 모습을 바라본다
밖은 올 겨울 들어 가장 춥다
긴 침묵이지만 지루하지 않다
장작은 타들어 가고 새빨간 불꽃은 사랑처럼 남실거린다
일찍 타버린 장작은 재가 되어 쌓인다
사람의 삶도 저러하다고 말한다
가슴에 머리를 기댄다
포근하다
불꽃이 사그라든다
빠알간 숯덩이가 심장처럼 뛴다
마주보고 웃는다
바람이 밤을 가르는 소리가 숨소리처럼 들린다
겨울밤이 깊어간다

눈이 내리면

꼭 가자고 했었다
사랑사랑 눈 내리는 들
손잡고

고개 숙여
깊은 사색의 숲
고요 속으로

흩어진 기억처럼
잊혀진 약속처럼
겨울은 가고

창밖엔 눈
가슴엔
귓가에 아른거리는 목소리

쉽게 말하지 말자

가을이 좋다거나
구절초 꽃잎에 묻은
그리움 하나 밝혀도 좋겠지만
사랑한다는 말은

차곡차곡 시간이 쌓여
눈빛 하나로
묵언의 호흡만으로
알 수 있을 때
하나 외에 무의미로 인식될 때
그때 조심스레
전해도 좋으리

쉽게 말하지 말자

세상이 텅 빈 이유

어디를 둘러 봐도
눈 안에 파고드는 예쁜 게 없습니다

울울창창 늘어진 장미를 봐도
들길 토끼풀 하얀 미소를 봐도
마음은 그저 허허롭습니다

한 사람이 떠난 것이
세상을 텅 비게 하는 걸 보면
산다는 것의 의미도
사람과 사람 사이에 얽힌
소중한 정 때문인 듯합니다

아주 간 것도 아닌데
오늘 내게 만사 귀찮고 짜증만 나는 걸 보면
당신은 내게 소중한 사람입니다

당신이 오고

내가 떠나면
그대도 내 맘 같으려는지

오늘은
세상이 텅 비었습니다

그대 뒷모습

피곤한 육체의 괴로움도 참아내고
금맥을 찾는 사람처럼
그 많은 길 접어두고
오직 한 길만을 달려왔습니다
도시의 차량과 광란의 불빛을 지나
신호등 빨간불마다 조급한 심장의 박동을 인내하며
강변을 달리고 들판을 지나
별빛 안개꽃 무리지어 피어날 때쯤
낯선 곳, 고적한 도시에 다달았습니다
환한 얼굴로 피어 있는 꽃은
짙은 향기 내뿜어 날 마중했습니다
꽃을 보고 어루만지고
안도의 숨을 쉬며 돌아서는 길
짧은 해후 끝에서 우리 사랑은
다시 먼 그리움의 날로 멀어져 가고
남겨진 꽃의 미소만 간직한 채
왔던 길 돌아서야 했습니다
그대 등 뒤에 남겨진

두둥실 떠오르는 애달픈 사랑
간절한 기도로 배웅했습니다

별빛연가

그대를 알고 난 후
룸비니 하늘에 꽃 폈던 초롱한 별들보다
더 밝고 예쁜 별 하나 알았습니다
히말라야 신神들의 머리 위로 반짝이던 별보다
가슴에 박힌 별 하나 반짝이고 있습니다
별 하나 지면 목숨 하나 진다는 속설에
밤하늘 별을 보다가 슬퍼하는 날 많았지만
더 이상 스러지는 별똥별에 생멸의 의미
두지 않기로 했습니다
그대를 알고 난 후
밝은 별 하나 가슴에 새겼습니다
모든 별이 지더라도
저 홀로 빛나는 별 하나
생명처럼 어루만지기로 했습니다
이 세상 끝나는 날
함께 별이 되고자
꼬옥 품고 가기로 했습니다

*룸비니: 네팔의 부처님 탄생지.

수화手話

말이 없다고 침묵이라 말할 순 없다
입맞춤 하나로
절절한 사랑 꽃피고
아름다운 낙원의 새소리 듣는다

손끝으로 전해지는 목소리
저렁저렁 울리는 심장소리

때론 말보다
침묵이 더 많은 의미를 전하고
마주 본 눈빛이
숱한 언어를 추락시킨다

그대 목소리를 듣는다

당신을 위한 기도

어느덧 긴 꼬리를 감추는 세모歲暮
한강을 따라 하늘을 오가는 새의 무리는
힘들고 무거운 걸음 위에
침묵의 언어로 훨훨 살아보라고
힘내라고 희망의 메시지를 전합니다

새떼의 치열한 그러면서도 순리를 밟고 사는
삶을 보면서
내게 베풀어준 은혜로운 당신을 생각합니다

보답할 것도
무엇 하나 드릴 것도 없는
답답한 빈자貧者의 가슴은
이 해가 다 하기 전
저 높은 곳 천상天上의 님께
당신을 위한 속 깊은 기도를 올립니다

아름다운 당신께 보석보다 귀한 햇살 함께 하옵소서

슬픔이나 고통은 지는 해와 함께 저물고
당신의 가슴에 행복
당신의 얼굴에 웃음 피어나는
그런 일만 그런 소식만 그런 기쁨만
넘치게 하소서

교만한 내 가슴 속에
당신이 베풀어 주신 사랑
두고두고 기억하게 하소서

제3부

별 진 자리에 꽃이 피었다

낡은 시력

세상 볼 것 못 볼 것 다 보았으니
그만 볼 때도 되었겠다

명확하지 않음은
핑계 댈 수 있어서 좋다

꼴 보기 싫은 거
못 본 척하면 그만이다

걱정은
그대 얼굴 그냥 스칠까
안타깝다

아직 귀는 멀쩡하니
부르면
돌아볼 수는 있겠지

봄비 내리는 날

커튼을 젖히듯
겨울을 젖히며 비가 내린다
봄이 이만큼 앞에서 서성이는데
벌써 봄을 탄 몸뚱이가 어지럼에 시달린다

늦은 귀가로 덜 깬 졸음을 삭이고자
푸아— 세수를 하는데
뚝 뚝, 새빨간 꽃이 대야에 핀다

낙화하듯
말간 물속에 스러지는 핏방울
아내의 눈빛이 고단한 삶보다
불쌍해 외면한다

고개를 뒤로 젖히고 울먹이듯
숨을 들이켜 낭자한 선혈을 잠재운 후
습관처럼 집을 나선다

봄비는 꿈을 키우며 내리는데
언 가슴은 아직
비혈鼻血의 설움을 지우지 못한 채
흔들리는 걸음을 내딛는다

노동의 걸음으로
자본의 세계로 향하는
내 정수리 위로
가늘디가는 봄비가 내린다

불순한 저녁놀

하루가 아무렇지 않게
아무 일 없는 얼굴로 침몰하고 있다
바쁘다는 핑계로 몇차례 전화를 매듭짓고
몌별袂別하는 목소리에도 위로 한마디 던지지 않았다
9월의 해는 여름을 밀어내며 냉소를 흘리고
퇴근 후의 허기가
달아오른 불판에 오므라지는 삼겹살을 상상시킨다
한강제방도로를 달려 봉성천쯤에 이르니
누산리 벌판 너머로 노을이 깔렸다
시장기만큼 빠르게 달리던 차를 세우고
아래로 흘러가는 강물도 보고
약한 향수처럼 감미로운 바람도 느끼며
진한 입맞춤 후의 입술을 닮은 하늘을 본다
담배 연기가 고막을 짓눌렀던 음성 사이로 퍼져나간다
숲을 걷다가 목덜미에 굼실거리던 애벌레의 느낌으로
한낮의 일상이 꿈틀거린다
저 붉은 노을은 하늘의 물 알갱이가
햇빛을 받아 반사되는 빛이다

아, 전화기에 반사된 내 허위虛僞의 알갱이에
피멍 든 가슴들이
어디선가 소주잔을 기울이고 있을지도 모른다
수신된 전화번호를 누른다
아무 일 없는 아무렇지 않은 하루는 없다
불순한 저녁놀이 전화벨 속에 깊이 스민다

*봉성천, 누산리: 김포시 관내 지명.

저 밝은 달 비추듯

달그락 달그락
옹알옹알
붕붕방방
웅성웅성
……

저 달만큼
둥글고 큰 복福
귀향하는 어깨마다
넘치게 하소서

텅 빈 도시 쪽방에서
해고 통지서 움켜쥐고
귀성 열차표 눈물로 얼룩지는
여린 순이 가슴

고향 들녘에 비추는 달빛처럼
차별 없는 세상의 빛
희망으로 샘솟게 하소서

만국의 노동자여 단결하라!

아드득,
어금니 물고
온몸으로 피 흘리지 않게 하소서

별 진 자리에 꽃이 피었다
— 노무현 전 대통령 추모시

낮은 곳에 앉아 보았니?
수드라의 쓰디쓴 눈물 보았니?
법 앞에 평등이란 말이 믿어지니?
정치가 정말로 국민을 위한 것이었니?
고개 숙이고 구걸하던 놈들 옆구리 칼 차고 나서
너를 위해 우리를 위해 어느 것 하나 약속 지킨 것 있니?

개천에서 용 났다고?
그래, 실개천에서 용 한 마리 솟았다.
잘 나가는 대학도 못 다녔고
부모 잘 만나 물려받은 재산도 없었지만
사람이 사람답게 대접 받는 세상 만들고자
오기 하나로 싸워 이겼다.

이기고 나면 귀족이 되어 과거를 잊었지만
그는 낮은 곳을 기웃거렸고 그 낮은 곳이
평범한 곳이 되도록 스스로 낮아졌다.

그와 함께 낮아지는 것이 싫어
아니 낮은 곳을 높이는 것이 싫어
씹고 물고 할퀴었다.

혁명을 꿈꿨다.
가진 자를 뭉개는 게 아니라
비겁하게 쌓은 재물 공정하게 거두려 했고
억눌려 기氣피지 못 하는 개천의 미꾸라지들
용龍되어 비상할 수 있기를 희망했다.

그가 걸어온 길은 포장된 길이 아니었다.
귀족의 마차를 버리고 손수레 끄는 짐꾼 속으로 갔고
칼 든 자들의 호위를 버리고
죄도 없이 죄인이 되는 민중 속으로 갔다
방패도 없이 피 흘리는 백성의 앞에 서서
나부터 밟고 가라며 창끝에 몸을 들이댔다.

그리하여 용龍이 되었다.

초롱한 눈망울의 백성을 보며
낮은 곳 높이려고 용틀임했지만
귀족과 낙타가 바늘구멍 들어가기보다
힘든 자들의 반항으로
그들과 싸우다 곤룡포 벗어야했다.

그리고 본래의 실개천으로 돌아가
가장 낮은 곳의 미꾸라지들과 살려했다.
사람답게 살려했다. 사람 사는 세상 제대로 만들고자 했다.

다시 칼 쥔 자들
촘촘한 그물로 실개천 틀어막고
죄 없는 자 돌로 치라는 말씀 뒤로 한 채
선혈이 낭자하도록 송곳으로 찔러댔다.

자신의 아픔이야 견디겠지만
더러워진 실개천에서 울부짖는 미꾸라지들
다시는 용 될 수 없게 짓누르는

장화 발 앞에
맑은 물 되어 함께 살고자
피로써 비 되어 흘러내렸다.

혁명을 꿈꿨다.
부엉이 워-엉 울던 밤
하늘의 별이 떨어지고
아침이 되자
별 진 자리마다 꽃이 피었다.

선혈을 머금고 핀 꽃마다
꽃씨를 날리고
여기저기 내려앉은 자리마다 꽃이 자란다.

혁명을 꿈꿨다.
꽃이 자란다.

*수드라: 힌두교를 믿는 지역에서 가장 낮은 계급에 있는 백성들.

히말라야 기행

아픈 몸을 끌고 여행을 간 것 자체가
일행에겐 천덕꾸러기다
히말라야 만년설을 볼 수 있다기에
이를 바득바득 갈며 따라 나섰다
언제나 가슴에 만년설萬年雪을 안고 살았다
신이 인간을 만들어 미끄럼 태워
내려 보낸 곳이라고 생각했다
내 조상의 조상이 신으로부터 창조되어 흘러내린
태초의 고향을 보는 게 소원이었다
포카라의 꽃그늘 사이로 신의 거처라 하는 주봉들이
흰 얼굴로 인자하게 내려다보고 있었다
원시림 사이로 올려다 보이는 신의 집을 바라보며
나는 잠시 동안 미소 지을 수 있었다
아픈 육체의 고통을 넘어
영혼의 끓는 환희를 맛 볼 수 있었다
산다는 게 별 것 아닌데 저 높은 신의 집에서 내려다보면
하잘 것 없는 미물의 몸짓일 뿐인데
오욕五慾으로 가득한 세상을 살았음이 부끄러웠다

얼굴을 후려갈기며 지나가는 바람도 좋았다
피가래를 쏟아내며 멎을 것 같은 숨 줄을 피하고자
심호흡을 하면서도 하얀 두건을 쓴
신의 거처를 찾았음에 기뻤다
그날 밤, 고열로 신음하며 잠들었는데
설산 봉우리를 타고 내리며
까마득한 낭떠러지로 흘러내렸다
아득한 날 신이 흘려보낸 생명의 줄을 타고
떨어지다 떨어지다 잠이 깼다
내가 히말라야의 풀잎으로 거기 서 있었다
햇살이 창문을 비집고 새어들고
새파란 하늘을 머리에 인
마차푸차레 봉 시바의 흰 얼굴이 굽어보고 있었다
내가 살아 있었다

*마차푸차레: 네팔인들이 시바신이 사는 곳으로 신봉하는 히말라야의 봉우리.
*시바(Siva): 인도교의 3대 神 중의 하나.

철거민

스레트 13평 판잣집이라도 좋았다
아이가 자라고 꽃이 자라고 삶이 자랐다
남의 땅이지만 내 집에 다리 뻗을 수 있어서
일당 3만 원 짜리 잡일이라도 행복했다
아파트가 들어선다며
이사비 7백만 원 쥐어주며 나가랬다
하늘이 노랗게 물들었으나 이리저리 뛰어야했다
두 아이 다리 뻗을 월세 방이라도 구하려 했지만
보증금 1천만 원이 없어 웅크리고 있었다
어느 날 기중기가 들어오고 움막은 힘없이
사지가 찢어진 채 처참하게 뒹굴었다
하늘이 노랗고 우린 얼싸안고 엉엉 울었다
아무도 들어주지 않는 곡성은 메마른 하늘로 흩어질 뿐
도저 앞에 드러누워 밟고 가라고 악다구니 버텼다
힘센 사내의 손에 들려 벌판 가운데 팽개쳐졌다
인적 없는 들길에 개구리 울음만 천지사방에 흩어졌다
빼앗긴 자끼리 모여 붉은 띠 두르고
자본의 칼날에 목을 들이밀었다

아주 내 목을 쳐라, 자본의 바벨탑아
숨 막힐 정도로 누르다가 꼴까닥 넘어갈라치면
다시 놓아주며 포기하라고, 몇 푼 더 줄테니
여기는 더 이상 내 살 곳이 아니라고, 나가달라고
공무집행방해로 고발한다고 어르고 뺨치며
겁을 주었다 아 잔인한 생존의 끄나풀들
더 이상 잃을 것 없는 생명들은
맘껏 소리 지르는 것 외에 저항의 방법은 없었다
오늘도 시청 정문 앞에서 점심을 거른 채 소리 지른다
다 같은 생명 다 같은 인간으로 태어났건만……
피식 웃으며 지나가는 발걸음뿐
쉰 목소리는 저 멀리 피울음으로 번진다

처서 그리고 비

여름이 소 걸음으로 건더니
처서處暑 지나고 바로 비가 내린다
궁핍한 일상처럼 따라 붙어
등줄기 끈적하게 적시던 계절이 가고
빗방울만큼 차가운 시절이 강아지 걸음으로 온다
당장은 살 것 같은 상큼함을 맛보면서도
등심을 먹자는 친구의 말을 가로막고
갈비탕 둘을 시켰을 때의 식당 여주인 눈빛으로
시커멓게 그으른 창틀에 삐죽 솟아나
바람이 불면 덜컹거리는 보일러의 검은 연통이
불안한 주머니를 파고 든다
푸쉬킨의 시처럼 지난 것이 그리워져
짜증스럽게 부채질했던 엊그제가 안식일로 생각될 거다
시원스럽게 비가 내리는데
보일러 연료통에 빨대처럼 곤두선
투명한 연료 확인 노즐을 살피며
반 뼘이나 됨직한 눈금에
구질게 비가 내린다며 화살을 쏜다

남남북녀南男北女

뻐꾸기 울음 들리면 오시려나
하얀 아카시아
눈꽃처럼 흩어지고
돌담장 찔레꽃 지고 나면 오시려나

봄날은 꽃잎처럼 시들어
시름시름 앓고 있는데
낙엽 지는 서러운 날
그때 오시려나

들길 민들레
바람에 둥둥 떠가는데
하얀 그리움은
미움으로 변하는데

황산도에서

억겁을 두고
밀물과 썰물
헤집는 파도의 혀 끝에
옷고름 풀어헤치고
두 눈 꼬옥 감은 채
누워 있었다

양인들 군화에 짓이겨지고
왜놈들 총칼에 찢기면서도
벌떡 일어나 덮치지 못하고
속으로만 피울음
토하고 있었다

오늘도 검은 치맛자락
길게 드리우고
아무것도 모르는 척 누워 있다

밀물과 썰물은 철썩이고

역사는 알몸 위에 또 한 겹
검은 갯벌로 퇴적한다

낯선 평양에서

숨 줄 끊길 때까지 밟지 못할 줄 알았다
공화국 비행기 타고 평양 땅 발딛을 줄
꿈에라도 생각 못했다
포화가 잠들고 가슴에 시퍼런 비수를 품은 채
철천지원수로 갈린 지 그 1년 후
가난과 설움과 분노로 황달에 시달리던
어머니 탯줄 끊고
난 비극의 땅에 내던져졌다

그리하여 저 북쪽엔 새빨간 몸에 뿔 달린
괴뢰가 사는 줄만 알았다
백마고지 전투를 떠올리며
이글거리는 복수의 칼을 갈았다
소위 계급장을 달고 대성산 기슭에서
온밤을 지새우며 스무 살 청춘을 고스란히 바쳤다
통일을 외치며 적개심을 북돋웠고
평화를 부르짖으며 당신들을 때려잡자고 소리쳤다

허나 그 평양 땅에도 사람이 살고 있었다
가난에 찌든 인민들이 옛날 어머니를 닮아 있었고
밤의 도시가 어둠에 묻힌 채 주체탑은 빛났다
인민의 천국에 인민의 미소는 찾을 수 없었으나
주체의 수령님과 장군님의 근엄한 미소
새빨간 고딕 글씨로
우리식대로 사회주의 건설!이라는
낯선 구호들이 거리를 휘덮고 있었다
수령님은 영원히 우리의 심장 속에 살아 계신다는 구호
남쪽 형제의 따수운 손길이 필요한 인민들이
세상 물정 나 몰라라 하며 울안에 모여 있었다
대동강 자락이 가슴에 눈물자락을 내쏟고서
오직 속울음으로 적셔 흐르며
애문 강기슭만 흐느끼도록 할퀴고 있었다

알밤 줍기

떠난 후
시간 속에 숨겨진 기억을 더듬는다
젖은 아침 풀숲을 헤치며
밤알을 줍는다

아픈 기억은 버리고
썩은 알밤은 멀리 던진다

몇 알 튼실한 것만 주머니에 넣고
몇 가지 행복했던 순간만 기억한다

걸을 때마다 허벅지를 건드리는
불룩한 호주머니의 불쾌감

종아리에 달라붙는 젖은 바지가랑이처럼
그의 모습이 뇌수를 헤집는다

알밤처럼
단단한 기억만 남기려 한다

고난의 아침 햇살

대동강 양각도 호텔 첨탑 위로 가을이 하늘 문을 열고 쏟아져 내렸다

추수 끝난 벌판에 휑한 바람만 지나고 참새떼가 그루터기를 헤집으며 배를 채우는 논바닥에 일렬로 허리 숙여 이삭 줍는 인민들의 가을 정경이 풍경화로 누워 있었다

가난은 배고픔으로부터 시작된다

배가 고프면 주머니에 돈이 있어도 빈곤한 생각이 드는 걸 보면 참새들도 그런 이유로 쉬지 않고 배를 채우나보다

평양에서 묘향산 가는 길에 만난 옥수수 밭은 이미 빈궁한 빈들인데 인민 서넛이 마른 옥수수 대를 뒤적이고 있었다

가는 길에 내 가슴에 뭉친 것 훌훌 털어 빈 가슴으로 오려했고 가을 햇살은 너나 모두 똑같이 쏟아지기에 그곳에 햇살 하나 화살처럼 박혀 따뜻한 마음만 주고 받기를 바랐다

화사한 햇살 아래 인민의 태양이 비추는 위대한 공화국 햇살이 아침부터 시름시름 앓고 있었다

대동강 푸른 물이 모르는 척 눈 감고 반짝이고 있었다

셋집 구하기

한 달 내로 방 빼라는 전화 받고
온종일 읍 근처 변두리 헤매고 다녔다
산마다 가을이 들어차고 가로수로 심겨진 은행잎이
노랗게 물드는데 떨어지는 나뭇잎이 늘어갈수록
내 딛는 걸음은 어지러웠다 부동산 문을
열 때와 닫고 나올 때 희망이 절망이 되는
연습을 해야 했다 6억 원 넘는 집에 살면서
세금이 많다고 분노하는 억울한 사람들이
우스웠다 세금 내란 소리 없어도 모아놓은 돈
없는데 그 많은 세금 내며 어떻게 사는지 궁금했다
아파트는 너무 높아 신분 낮은 내 세상이 아니라
스레트 집 곁방 같은 거 13평 부터 나는 연립 같은 거
찾자니 옥수수밭에서 토마토 찾는 격이다
돌고 돌아 어스름 해질녘
창문마다 별이 뜨고 달이 뜨는데 가로수 가지
새로 눈웃음 짓는 눈썹달이
카네기도 죽었고 진시황도 죽었고 김일성도
죽었는데 너는 살아 있다며

길이 끝나는 곳에 길이 있다고
허망하게 내딛는 보폭 사이를 비춰 주었다
가을은 추락하고 있는데

잃어버린 둥지

해는 땅 그림자 드리우며 어둠의 자락에 젖어가고 저녁놀 눈시울 붉히며 침잠하는데 입영 열차 손 흔들고 운동화 바닥에 까마득히 멀어지던 기적소리 지척지척 밟으며 돌아서던 걸음으로 오늘 낮 등기부등본의 이름이 바뀐 김포시 통진읍 서암리 국민주택 17평 둥지로 향한다.

그러고도 문학이 어떻고 진실이 정의가 삶이 어쩌고 떠들면서 감동하며 듣는 초롱한 가슴들께 2시간을 시인詩人이어서 행복하다는 표정으로 사기를 쳤다.

내복을 입지 않은 바지 가랑이를 타고 이제 시작인 겨울이 앙상한 정강이를 소름 돋게 하고 악착스럽게 붙어 있던 포프라 잎사귀가 신음하며 떨어지는데 2층 연립 형광등 빛이 가까워질수록 둥지를 비워야 하는 한 달은 멀고 먼 겨울의 시간에 비해 너무 촉박한 삶이다.

움츠린 어깨는 빠르게 계단을 올라 허기진 배 채우기를 요구하는데 멈춘 걸음은 비어가는 담배갑을 뒤적여 후우 뿜어내는 연기가 바오밥나무처럼 가지 뻗은 은행나무 사이로 비상한다.

그 연기 속으로 쪼그리고 앉아 훌찌럭거리며 하루를 보

냈을 아내의 퀭한 눈빛이 빗질하지 않은 그의 머릿결로 퍼져 오른다.

그녀에게 유일한 희망인 나는 날 수 없는 부러진 죽지내 얼굴을 올려다 볼 그녀가 잃어버린 둥지보다 아프다.

기러기 한떼가 어둑한 빈 하늘을 가르며 나는 밤이었다.

출근 길

어제 마신 술이 아침 출근길을 비틀며 속을 볶아댄다
언뜻 옆에 앉았던 아가씨의 미끈한 허벅지와
탱탱한 포도송이를 내밀며 2차를 유도하던
희미한 기억들이 되살아난다
걸음을 옮길 때마다 들쑤시듯 골이 흔들리고
가로수를 붙잡고 헛구역질을 하는데 사장한테
구두쇠니 짠돌이니 픽 픽 쓰으발, 니기미하고
내뱉은 육두의 언어들이
군대시절 몇 밤 지새우고 안녕했던 그녀가
느닷없이 면회 왔을 때처럼 화들짝 심장을 놀래킨다
사무실이 가까워질수록 별다른 기억은 없는데
줄기차게 사장의 금빛 안경테가
그 뒤의 작은 눈초리가 날 따라 붙는다
대학 다니는 딸년과 은행 독촉장이 스쳐가고
무조건 잘못했다고 빌어야 하는 비겁한 자화상이
발바닥을 또다시 부끄럽게 한다
사무실 문을 열고 아침 인사를 나누면서
옆 동료에게 어젯밤 무슨 실수 없었냐고

전혀 기억나지 않는다고
뻔뻔하게 웃음을 흘리는 그 모습이 처량타.

귀동냥

지인知人을 따라 또 다른 지인 댁에 동행했다
포도가 무르익는 계절의 반달은
저택을 에워싼 솔향을 흘리고
정원에 폭신하게 깔린 잔디 위로
하늘 별들이 뛰어놀았다

초가을 밤이 깊어가는데
과년한 딸을 결혼시키는 지인이
1억 5천만 원을 들고 전셋집 구하는 얘기를 하며
애들이 안쓰럽다고 호들갑이다

서너 달 후면 보증금 이천구백만 원에 월 이십만 원 짜리 임대 아파트로 이사 갈 생각으로 행복해 하던 내 귀가 무너져 내린다. 어제 장학생으로 대학원 마지막 학기를 앞 둔 딸년이 아빠 미안하다며 내민 그깟 280만원 등록금 쪽지가, 입안에 넣고 아지직— 씹어 삼키는 포도씨와 버무려진다

꾸역꾸역 포도알만 씹고 앉았다 일어서니
철없는 별들이 윙크하며 손 흔든다
딸에게 웃으며 등 두드려 주지 못한 게
별빛을 흐리게 한다

…하소서

저 먼 들의
바람소리
저 퇴색한 날의
아름거리는 이야기
함께 듣게 하소서

무좀균에 오염된 발가락은
부동자세의 군화 속에서 자지러지고
찔러! 구령에 각혈하던 기합은
얍!
얍!
빠따보다 아픈 가려움을 잊고자
한 발 전진 또 전진
몸부림이었음을 기억하게 하소서

자유 민주 수호의 이름으로
독재 타도의 함성으로
시퍼런 꽃과 꽃이 피 흘리던 날들

이젠 잊고 조용히 살자고
니캉 내캉 어울려 살자고
상판대기 거만한 웃음 흘리는
지금, 저 꽃들의 변신에
인사하지 않게 하소서

용산에도 눈 감고
평택에도 귀 닫고
밤거리 휘황찬란 비추이던 촛불들
죽어서 살고자 하는 사람들
쳐다보게 하소서

요즘 같은 때

저기 불 밝은 시장통
두런두런 쐬주잔 기울이는
아는 벗들의 얼굴 있으려나

어둑한 바람골 골목에서
붕어빵 굽는 김씨
오늘은 웃으려나

해고 통보 받고
머리띠 두르고 나간
옥탑방 황씨네 보일러는 돌아가려나

겨울방학 동안
주유소 알바 나간
작은 딸년은 귀가했으려나

제4부
그 마음

비 내리는 날의 소회

비 내리는 창밖을 응시하며
오래전 일기를 뒤적이듯
질펀한 기억의 조각들을 되새김하고 있었다
전화벨 소리에 모자이크 되던 과거가 부서지고
수화기 속에서는 저음의 축축한 목소리가
따뜻한 차 한 잔 어떠냐고 묻는다
바쁘다는 핑계에 안개비로 젖어드는 안녕을 남긴다
핸드폰이 울리고 문자를 확인하자
비오는 날 풍경이 개미처럼 기어간다
무명無名의 발신인이 궁금하기보다
내 심사心思를 대신 적은 동질감에
의혹의 얼굴들을 짚어 본다
그러면서 편지는 꼭 답장을 받으려고 쓰는 것이
아님을 생각한다
무명의 문자처럼
훨훨 어느 누군가의 기억 속에
촉촉이 젖어들어 머물고 싶다

그 사람

반 발짝 정도 뒤에 걸어도
등 모습만으로 즐거운

얼굴 한번 마주하기 어려워도
목소리만으로 기쁨인

살다가 어느 날 홀로
바닷가 풀섶에 앉았을 때
파도처럼 몰려오는

운전 중 유행가 가락에
문득 떠오르는
영혼의 친구로
그런 길동무로

거슬러 오르는 시간 속에서
같은 보폭으로
사랑하며 걷고 싶은

까마득히
잊은 듯 있을 때도
가슴에
샘물처럼 솟아나는.

그 마음

새마을 기 꽂고 개울둑 쌓는 들길을 지나
깜장 고무신 질질 끌고 집에 가는 길은
길섶 참외밭과 오이밭의 향기가
때를 놓친 뱃속을 식탐으로 요동치게 했다
땡볕 아래 늘어진 길을 따라 집에 오면
감자 섞은 보리밥 한 그릇 내어주시며
옆에 앉아 오이지를 밥술에 얹어 주셨다
버짐 핀 얼굴에 흐르는 땀을 닦아 주시며
쯧쯧 혀를 차시던 어머니
너 먹는 거만 봐도 배가 부르다던
그 말씀 생각하면
그때마다 기름진 아랫배가 아프다

피자 치즈 길게 늘여 한 입 물고
콜라 한 모금 홀짝이며
아빠도 드시라고 건네주는 한 조각 피자를 보면
이웃 상가喪家에서 달려와
기름 번진 달력 종이를 펼치며

김치전을 내밀던 모습이 명치끝에 걸린다

딸년들 웃음소리 뒤로
어머니 목소리가 들리는 것은
풀 길 없는 죄업 깨닫기 때문이다
울분으로 솟는 뒤늦은 사랑
이제야 끓어오르기 때문이다

그녀 이야기

애당초 약속이란 깨어질 것을 알면서 하는 거다
그건 구속이고 집착이고 이기적인 것인데 맘 편하자고 하는 거다
아는 사람 다 불러놓고 백년해로하자고 했던 약속은
그걸 어기면 법이란 걸로 강제하지만 번번이 제 갈 길로 간다
사랑이라는 게 무수히 깨어지고 부서지는 약속인데 그걸 믿고 죽기 살기로
매달리다가 고운 마음에 피멍든 사람이 한 둘인가
그녀도 제 남편만은 딴 계집 옆에 끼고 반지의 약속을 깨리라곤 생각지 않았다
거짓은 또 다른 거짓을 잉태한다
밤마다 술잔을 들고 평생을 신봉한 하느님과 잔을 나눴다
자, 하느님 한 잔합시다 전능하신 당신 한 잔 나 한 잔……
참나무 가랑잎이 무수히 날리고 망월 벌판이 채웠다 비웠다를
몇 번이나 반복한 후 쑤시고 타들어가고

찢어진 상채기가 아물고 있다
뜰 안 구절초가 눈에 띄고 그녀를 버린 놈과 죽었으면 했던 년과의 인연이
같잖은 사랑이었음을 알았다
어쩌다 요즘도 술잔은 나눈다
사랑하는 주님 당신 한 잔 나 한 잔.

눈꽃이 피다

이 추운 겨울 저토록 화사한 순백의 꽃이 가지마다 피었습니다.

이 험한 세상 가슴 가득 행복의 꽃이 피었습니다.

달랑 삼백만 원으로 사글세방도 구하지 못해 미루나무 까치집이 부러웠는데 연립주택 3층 전셋집을 구했습니다.

참 뻔뻔하고 죄 많은 인생입니다.

은혜를 갚을 길도 없으면서 고개 빳빳이 들고 염치도 없이 받았습니다.

내 주머니 천 원짜리 하나도 아까워하면서 피 땀으로 얼룩진 그분들의 목숨을 덥석덥석 쥐었습니다.

어제만 해도 곧 쓰러질 것 같던 집사람이 산삼이라도 먹은 듯 용 쓰며 짐을 꾸립니다.

세상이 눈꽃으로 가득합니다.

가슴 속에서 안심하는 고운 얼굴들이 웃고 있는데 나는 고맙다는 말 한마디 뱉지 못하고 저 하얀 눈꽃을 보고 시를 쓰고 있습니다.

입춘대길立春大吉

추위가 고개 숙이고
햇볕이 고웁다

입춘이 들었으니
이미 봄은 이만큼 와 있다

첫날밤 기다리는 심정으로
몇 날을 참기로 한다

생각하면 입에 침이 마르고
조급하다

해가 지고 뜨면
그가 온다

가슴에 화들짝
꽃송이 벙근다

홍도평 기러기도
다시 춤을 춘다

*홍도평: 김포시의 지명으로 기러기가 내려앉는 들이라는 뜻. 지금은 아파트가 서 있다.

쇠잔한 어느 저녁

뒤척이며 잠 못 이룬 아침처럼
퇴근하는 걸음이 무겁다

재채기처럼 그리움이 몰려와도
콧물 흘리며 참아낸다

어둠이 오면
이미 가슴 언저리 바람은 스쳐갔다

그리움은 철썩철썩
밀물로 다가섰다 저 홀로 떠간다

토악질

오장육부가 뒤틀려
칵칵 뱉어내 보면 알지

토할 땐 괴롭지만
정체된 병목 풀리듯 편안해짐을

가슴에 쌓인 것
꾸역꾸역 삼켜 메스껍던 것
시궁창에 쏟고 나면 시원하지

악착스럽게 살다가
살다가
살아가다가
때론 똥물까지 쏟아내는 날 있어야
또 살 수 있는 거야

씨발 죽일 새끼!
그 메가지 비틀어 술상에 처박았던
어젯밤처럼.

제발 이런 세상

비틀거리고
절뚝거리며 가도 좋다

가다가 쓰러져 무릎이 깨져도
허기에 지쳐
탈진해도 좋다

저 사는 세상
삶이 그러 하거늘
그 길 탓할 수 있으랴

제 운명 껴안고
강물처럼 다른 운명 뒤섞여
앞서거니 뒷서거니 가는 길
손잡아 주고
입맞춤하는 인연도 있으리라

나와 너

우리가 뒤엉켜 가꾸는 정원
믿음의 눈빛으로 대화하고
우정의 표식으로 악수하고
위로의 마음으로 포옹하는
그런 꽃밭이기를

시 낭송회

염하강 물길 따라 어둠이 오고
고려산 능선 위로 별이 뜨면
가슴에 타래졌던 언어들이 먹물처럼 풀어지며
바람을 타고 물결 위로 남실거렸다
그렇게 흐르던 언어가 어느 순간 풀잎에 걸려
커억, 컥 가쁜 숨을 토하다가
푸념이 되고 한숨이 되고
노래가 되고 시가 되었다
머리 빗고 새 단장한 시는 한풀이 사연도 되었다가
추억하는 과거가 되었다가 혹은
소망하는 미래가 되었다가
고백이나 기원이나 슬픔이나 사랑이 되었다가
그랬다가, 누군가의 가슴에 전율로 새겨지곤 했다
그렇게 새겨진 감동들이 역사를 바꾸지 못하고
사회를 바꾸지 못하고 가난과 고통과
억압과 이념을 바꾸지 못했지만
그랬지만, 한 순간 또는 얼마 동안
누군가에게 다 잊고 아름다운 서정에 취하게 했다면

우리의 언어가 공허하지 않았음을
우주 속 존재의 감성에 기여했음을
기쁨으로 여기리라.

농약 한 사발

8월 땡볕은 사정없이 정수리를 쪼아대고 동네 어귀 미루나무 쓰르라미 자지러지고 있다

누구누구 집이 어디냐고 말 건네자 흰 수건 머리 이고 김장밭 일구던 등 굽은 할머니 구슬땀 뚝뚝 흘리며 고개 드는데 까맣게 그을은 얼굴에 밭고랑처럼 패인 주름마다 반짝이는 땀방울이 송송 눈물처럼 맺혔다

그늘에 쉬었다 하시던가 저녁 나절 선선할 때 하시라고 안쓰러워 한마디 건네자 평생 한 짓이 이뿐이라며 그동안 살아온 모진 삶 이렇게라도 보속하고 천국에 갈란다고 지지리 복도 없는 년 농약이라도 한 사발 칵— 들이키지 못하고 미련스럽게 산다며 눈물인지 땀인지 쓰윽 팔소매로 걷어 치운다

누구 누구 집 찾아 발길을 돌리는데 새파란 하늘 올려다보고 들 건너 무성한 산 숲을 보자 눈시울 뜨겁게 달아올라 염병할 매미 소리만 탓하며 뒷주머니 손수건을 적셨다

허우대 멀쩡하고 곱상하게 생겼으니 밭매는 할매 눈엔 부럽기도 하겠지만 게 껍질 같은 할매 삶이 부러운 건 내 가슴에 일굴 밭고랑 하나 없기 때문이다

차라리 농약 한 사발 버-얼-컥 마시지 못한 채 세상 한 귀퉁이 쪼그려 사는 내가 쓰르라미 울음보다 더 쓰린 울음을 운다

그래도 살아야지

미루나무 가지에 까치가 드나든다
오늘은 저 높은 가지에 얼키설키 삭정이 걸쳐졌다

온종일 골목을 누비고 온 마누라
집을 보면 돈이 없고
돈을 보면 방이 없단다

창밖 미루나무 꼭대기 까치가 날아든다
며칠 새 큼지막한 둥지 틀고 까악깍 자랑이다

미루나무 건너편 쭈욱, 쭉 뻗는 아파트
방 비워야 하는 날은 서산에 걸렸는데
아파트는 타관 땅이다

아하—
　어!
　　디!
　　　로!
가—알—까?

싸늘한 가을 하늘은 대답이 없다

까악깍 날개짓에
허어억 막히는 숨

낮 도깨비

아, 봄이 노랗게 물들어
살랑살랑 치마폭에 스며 오고
아지랑이 사이 지천으로 핀 꽃들이
웃으며 달려드는 날
그녀는 꽃밭을 향해 걸었다

분이네 집에 선 난리가 났다
노인정 간다고 집 나선 할머니가 오리무중이다
뉘엿뉘엿 해가 지는데
동네 사람들 산이며 들로 나섰다

별이 뜨고
봄바람이 옷깃을 여미게 하는 한밤중
바닷가 돌모리 근처
족두리 쓰고 떠났던 고향 어귀에
할머니 앉아 계셨다

경찰순찰차에서 내린 분이 할머니

며느리 핀잔에도 웃고 계셨다
하늘하늘 꽃들이 춤추며 내린다며
내일은 영감이 강 건너 올 거라며

*돌모리:북한과 마주하고 있는 강화군 대산리에 위치한 옛 선착장 마을 이름.

해방 전야

현해탄 건너
넘실거리는 파도를 타고
그가 갔습니다

망망대해
아득한 수평선 저 너머
가슴에 새긴 이름
파도에 실려 보냈습니다

그의 귓가에
웅알거릴 내 목소리
그의 눈에
아른거릴 내 얼굴
물결에 흘려 보냈습니다

그대 오는 길
내 애절한 그리움
두둥실 타고 오시라고

돌아오는 길
내 간절한 보고픔
붙잡고 오시라고
먼발치에서
파도에 실어 보냈습니다

뒷동산 묘지에
꽃 피고지고
피고지고 잊혀지고

살아생전 전해 준
아픈 이야기만
무성한 잡초로 키가 크고
종이컵 쇠주잔만 울고 있습니다

신호 위반

교통사고로 저승길 떠난 친구를 문상하고 장례식장을 나서니 새벽 두시다

별이 총총한데 눈꺼풀은 내려 감기고 페달 밟는 걸음이 바쁘다

텅 빈 국도의 신호등이 약속처럼 깜박이는데 살아오면서 저지른 변심만큼

붉은 등을 무시한다

어둠 속에 빛을 발하는 노랑, 빨강은 이미 가슴에 각인된 파랑으로 덧칠해 있고

멈추는 것이 바보적 행위로 인식돼 있다

저 혼자 색깔을 바꾸며 긴 밤 지새는 신호등이 바보스럽다

규정 속도 팔십이라 적힌 표지판도 가슴에선 지워져 시간을 달리는 속도는

백 이십을 넘나든다

내 삶도 그러하다

들여다보면 볼수록 지켜진 것이 별로 없다

하긴 이놈의 세상에서 위반 않고 벼슬하는 이 얼마나 되

겠는가?

교통사고로 목숨 잃은 친구를 문상하고도 생명의 불을
무시한 채

집으로 달려 이십분을 단축한 포만감에 회심의 미소를
흘린다

별들이 총총한 눈으로 내려다보고 있다

애기愛妓 정절을 짓밟지 마세요

— 한반도 대운하가 과연 필요한가

오늘도 애기봉엔 그리움 가득 품은 바람이 불고
꼭 돌아오마 약속한 평양감사
눈물로 기다리며 애기愛妓가 누워 있다

개풍과 김포로 뻗은 허벅지 사이
임진강 한강이 합궁해 조강되어 흐르고
정갈한 반도의 여신으로
생명의 어머니 강이 되었다.

천년을 두고 정갈하게 지켜온 순결
얼마 전 부임한 사또나리
열녀문 밀치고 들이닥쳐
애기 옥문 바라보며 침 삼킨다

애기는 누워 눈 감고 있다
포졸들은 눈물 흘리는 애기를 애무하며
윤간의 순번을 정하려 하고
백두대간을 따라 떠난 가족

제발 그 짓만은 하지 말라고
애기의 정절만은 지켜달라고
무릎이 닳도록 읍소한다

애기가 나신으로 누워 있다
사람들이 하나 둘
자기의 옷을 벗어
드러난 속살을 덮어주고 있다

방북 후기訪北後記

내 고향 강화에서는
눈 부비고 일어나 똥간을 가면 어김없이 웅얼웅얼 들렸다
낮 동안 잊고 놀다가 별 하나둘 뜨는 시간이면 다시 들렸다
내려쌓인 하얀 눈에 달빛이 반사되는 깊은 밤엔 아주 또렷이 들렸다
남조선 괴뢰도당이 어떻고 양키놈들이 어쩌고
세금 없는 나라 행복이 넘치는 나라라는 방송은
학교에서 배운 빨갱이와 공산당에 대한 선생님 말씀과 온종일 삯일하고
밀가루 한 됫박 들고 온 엄마의 퀭한 눈과 겹쳐지면서
작은 가슴에 자유와 억압과 빈곤과 행복에 대한 혼란을 꽃피웠다

평양을 지나 묘향산과 백두산을 보았고
삼지연 근처 베개봉호텔 마당에서 쏟아지는 별들을 보았다
낮에 마주친 헐벗은 인민들의 눈동자가

별마다 하나씩 박혀 꿈벅이고 있었다
옥류관 냉면에 취해 대동강을 내려다보니
팬티 차림으로 투망을 던지는 깡마른 사내의 모습이
이 세상에 부러움 없다는 구호 속으로 자맥질하고 있었다
수령도 장군도 선군도 대동강 물길 따라 꼴록이고 있었다

엄마는 새마을운동에 집중한 게 아니라 밀가루 포대가 필요했다
장군에 대한 충성이 아니라 살기 위해 뱉어야 하는 수식어다
정치적 구호와 수사가 빛을 발한다
역사 속에 하나일 수밖에 없는 우리네 운명
배불러 죽는 것 나누어 손잡자
민중의 발길로 다져지는 통일길
내가 가듯 너 또한 내게 오라.

연서戀書

강렬한 태양은 하늘 위에서 열기를 발산하지만
태양을 가리는 건 가볍게 떠도는 안개이고
열기를 식히는 건 눈에 보이지 않는 바람입니다

뜨거운 가슴 변함없다지만
침묵하는 사랑은 관심 밖의 일이 되어
세상은 떠나는 이와 남은 이와
다가오는 이와 그리고
눈길조차 건네지 못하는 이들로 가득합니다

시냇물로 흐른 시간은
과거라는 이름으로 잠들고
인생은 과거의 흔적을 추억이라 기억한 채
저무는 햇살처럼
그렇게 스러집니다

깊은 심해처럼 아주 깊이 잠들기 전
가슴 설레던 애틋한 추억

당신만을 사랑했던 기억 가물거려 눈 감을 수 있다면
진정 행복했노라고 말할 수 있겠지요

땡볕 아래 꿋꿋이 버틴 타클라마칸 사막의
한 그루 선인장으로 때론 내 가슴에
솟은 가시들이 시들어 사라질지라도
폭포처럼 흐르던 사랑의 물결
촉촉히 목 축이며 눈 감으면 행복이겠지요

기다림이 지나치면
처마 밑 마른 시래기로 머물다
시름시름 잊혀지겠지요

그래도 그늘에 가린 햇살
저 푸른 창공에 빛나기에
마냥 모래 속 애벌레로
그대 오기만을 기다립니다

이런 사람들

장맛비로 흘러
여기 조금 저기 조금
기웃 거리다가

폭우에 휩쓸려
산사태 일으키며
우렁차게 흐르다가

여우비 햇살처럼
저리 요리
샐샐 웃음도 흘리다가

그러다가
……
너는?

천지天池

하늘에
맺힌
한恨이
고여
못池이
되었다.

그 봄눈

그대 젖은 목소리처럼
사근사근 천지를 적시더니

여드름 붉은 뾰루지처럼
수줍게 내민 그 입술

봄볕에 사알살
간지럼 탄다

그러다가 쏘옥 고개 숙이는
해맑은 부끄러움 하나

■ 해설

몰가치한 현실에 대한 저항과 성찰과 친화의 세계

— 최연식 제4시집의 시적 성과

이승철
(시인)

최연식 시인과의 인연, 그는 왜 시를 쓰는가?

최연식 시인은 지난 1999년 45세의 늦깎이 나이로 문단에 데뷔했다. 그러나 그는 그 이전부터 〈강화문학회〉를 만들어 지역문학 발전에 나름대로 열과 성을 다해온 사람이기도 하다.

돌이켜 보면 1990년대 초반 무렵 민족문학작가회의(현, 한국작가회의) 사무국장으로 일하던 시절 나는 동료 문인들(김남주, 이시영, 김정환, 강형철, 김영현, 김남일, 현준만,

강태형, 이재무, 박선욱, 박정모 등)과 함께 김포 월곶면 갈산리에 살던 천승세 소설가의 댁을 자주 찾곤 했는데 그때 천승세 선생을 통해 "강화에도 쓸 만한 문인들이 있다. 그 가운데 시 쓰는 최연식이 있으니 한번 만나봐라"는 소리를 몇 번 들었다.

그러다가 나는 천승세 선생의 생신날쯤에 그 댁에서 최연식이란 시인을 두세 차례 만난 적이 있었다. 그의 첫 인상은 시골에 묻혀 사는 사람답게 순박한 표정이 절로 느껴졌으나 한편으론 뭔가 시대와의 대결의식으로 무장돼 있는 듯한 꼬장꼬장한 사람으로도 보였다.

그러다가 한 십년 세월 동안 서로 잊혀 진 채 지내다가 작년 2008년 10월 한국문학평화포럼이 주관한 〈국토, 모심, 평화를 위한 문학축전 2008— 강화외포리 문학축전〉을 준비하는 과정에서 우린 다시 조우하게 되었다. 지금은 고향인 목포 땅으로 내려가 홀로 타향 땅인듯 기거하며 사시는 천승세 선생과의 옛추억을 떠올리며 그와 함께 술잔을 기울였던 일이 엊그제 일 같다.

이번에 최연식 시인의 제4시집을 펴내면서 나는 그의 시를 다시 한번 꼼꼼하게 읽어보는 시간을 가졌다. 1999년 데뷔하자마자 오랫동안 갈무리해둔 시편들을 모아 처녀시집을 출간하였고, 그 이듬해인 2000년에 두 번째 시집을 그리고 지난 2005년에 제3시집을 출간한 이후 약 5

년 만에 다시 네 번째 시집을 출간하게 되었으니, 비록 그가 늦깎이로 문단에 데뷔하였지만 지난 10년 사이에 시집을 무려 4권이나 출간하게 되었다는 것은 그가 얼마나 치열하게 시심詩心에 몸부림치며 살아왔다는 것을 증명해준다.

"시인은 누구인가?" "왜 시인은 지금 시를 쓰는가?"라는 질문은 시인 자신이 하루에도 몇 번씩이나 되새김하고 되작거리는 질문이기도 하다. 인간이 행하는 숱한 일 중에서 시를 쓰는 인간을 별종으로 여기는 게 오랜 시절부터 우리사회의 통념이기도 했다. 사물과 인간을 범상케 여기지 않고 뭔가 삐딱선을 타고 있다는 것, 시대와의 불화를 자청하며 대부분 생활난에 허덕인다는 것, 우라질 것 자존심은 쎄서 남한테 꿀리고는 못 사는 체질을 타고난 사람이 시인이라고 우스갯소리로 말하곤 한다.

인간은 태어나면서 수많은 체험을 겪게 된다. 존재의 밑둥에서부터 현재적 삶의 지점에 이르기까지 겪어내야 할 수많은 생체험이 우리 몸뚱이 속에 내장되어 차곡차곡 쌓이게 마련이다. 개개인이 삶의 충돌과정에서 만끽하는 수많은 사실들은 인간에게 때론 감흥을 안겨주고 혹은 좀체 이해할 수 없는 복잡 미묘한 감성의 기복을 낳게 마련이다. 그럴 때 인간은 타자他者와 말과 대화를 나누며 자신의 소회와 감정을 상대에게 풀어낸다.

그러나 시인은 거기서 한 발 더 나아가 일상적 대화와 말로써 다 풀어낼 수 없는 못 다 한 말에 대한 미련을 갖고 있는 사람이다. 자신의 내면의 아픔과 희열을 지상 밖으로 돌출시키지 않으면 안될 뜨거운 불덩어리를 간직하면서 자기존재의 이면을 새롭게 들여다보며 남 몰래 뭔가를 썼다 지우기를 반복하면서 성찰의 시간을 갖는다. 이루지 못한 꿈과 사랑에 대한 상처, 소유하지 못하는 것들에 대한 욕망과 회한들이 그 자신의 살속 뼛속 깊이 내장되어 그게 어느 날 '시' 라는 형식으로 써지게 된다.

일찍이 백석 시인이 말한 바처럼 시인은 슬픈 사람이다. 세상의 온갖 슬프지 않은 것에 슬퍼할 줄 아는 영혼을 지닌 사람이다. 외로운 것을 즐기는 마음도 세상의 더러운 속중俗衆을 보고 '친구여! 하고 부르는 것도, 꽃과 풀과 별과 달을 바라보며 상념에 젖은 것도 슬픈 정신이 있기 때문이다. 진실로 인생을 사랑하는 마음이 있고, 진정으로 생명을 아끼는 마음이 있기 때문에 세상을 슬픈 눈으로 바라보는 것이다. 외롭고 못난 사물과 인간 그리고 작고 가냘프고 여리고 버려진 것들에 대한 연민이 있기에 시인은 시를 쓰고, 그 슬픈 정신이 세상을 돌연 아름답게도, 처연하게도 바꿔 놓기도 한다.

그런 점에서 최연식 시인 역시 이 세상의 온갖 슬프지 않는 것에 슬퍼할 줄 아는, 영혼의 품격을 갖춘 시인이라고 감히 말하고 싶다.

문학평론가 유한근이 그의 첫시집 서평에서 말했다시피 최연식은 격정적인 서정시인이다. 그는 시대적 상황 속에서 역사적 현실인식을 갖고 사물과 인간을 바라보는 데 익숙하다. 또한 최연식 시인에게 시를 쓰게 하는 밑바닥 힘의 정서는 무엇보다도 '그리움' '사랑' '어머니' '고향' '가난'이라는 원초적 삶의 정서이다. 그에게 삼라만상의 모든 풀벌레 울음소리와 대자연의 풍경 그리고 인간에 대한 애틋함은 '그리움'이라는 정서와 깊이 맞닿아 있다. 가령 첫 시집에 실린 「낮달」이라는 시편에도 그러한 정서는 오롯이 드러난다.

지난 밤 달아오른
내 작은 입술 부끄러워
청치마 폭에 살짝 숨었어요

세상이 잠들어 고요한 밤
별들이 전하는 연서를 받고
당신의 뜨거운 가슴에 안길 때에
내 터질 것 같은 순정
알몸으로 바알갛게 피울 거예요

그리움으로 하얗게 숨었어요

지금은

최연식 시인에게 '그리움'은 삶의 원초적 동력이자, 그에게 지금 지상의 삶을 살아가게 만드는 하나의 강렬한 연유이기도 하다. 바로 그와 같은 시적 사유와 정서는 그의 이번 시집에서도 여전히 주요한 정서적 힘으로 작동하고 있다. 아울러 그는 어머니라는 모태와 동질성을 지닌 고향의식에 깊이 침윤되어 있는 시인이기도 하다.

이미 지난 시집에서도 충분히 드러난 바처럼 그는 자신의 고향마을인 김포와 강화에 대한 숱한 시편들을 창작해왔다. 그리고 그가 고향을 노래할 때의 작품은 한결같이 넉넉한 포용과 너그러움의 시학으로 빛난다. 독일의 대문호 괴테가 "모든 문학은 결국 자기 고향으로 돌아가는 것이다."라고 설파했듯이 시대의식과 짝을 이루며 간직한 그의 고향의식은 그의 시세계에 매우 중요한 뼈대를 이루고 있다.

그와 함께 신문기자로서의 그의 직업정신은 우리 사회의 비리와 모순을 항상 허투루 보지 않고 날카로운 메스를 들이대는 첨예함이 엿보인다. 그러나 그것만으로 그의 시세계를 다 설명해낼 수 없다. 그는 대자연과의 화친和親과 삼라만상 우주만물의 순환과 신생新生을 노래할 때 그의 시적 성취는 빛을 발한다.

내가 앙탈하는
그대를 범했나

짓누를수록
솟구치던 애욕

세상이 온통
푸르름으로 탄생했소

—「봄」 전문

봄의 신생新生을 이토록 짧은 몇 마디 시어로 능히 담아낼 수 있다는 것은 그의 시적 자질과 능력을 말해 준다. 그의 세 번째 시집에 담겨 있는 달, 별, 봄비, 눈길, 개나리, 진달래, 빗소리, 사랑, 가족, 입맞춤, 입학금 등 자연을 찬미하고 가족과의 화목과 친화를 노래할 때 그의 시적 감수성은 우리에게 하나의 튼실한 실감으로 다가온다.

최연식의 시인의 시는 그동안 자연, 일상, 고향, 우주만물의 순환세계가 뿜어내는 다채로운 풍경을 보여주었다. 그리고 그것은 자기 생체험의 울림에서 뿜어져 나온 것이기에 그만의 독특한 시적 풍경을 보여주었다.

그렇다면 이번에 펴내는 최연식의 제4시집에는 어떤 시적 편력이 드러나고 있는가? 또한 그것은 그 이전의 시적 성취보다 진일보하고 있는가? 라는 물음이 우리들의 관심거리다. 요즘 우리 문단은 이전 시집보다 앞서는 시적 자기 성취가 없음에도 불구하고 시를 발표하고, 또 적당히 모아놓기만 하면 앞 다투어 출판하는 것을 무슨 자랑처럼 여기는 풍토에선 더욱 그러하다.

최연식 제4시집의 시적 성취와 그 사유의 세계

최연식 시인은 제3시집을 선보인 지 약 5년 만에 77편의 시편을 가지고 네 번째 시집을 이 세상에 내놓게 되었다. 지방신문 기자로서 생활의 전선에 있으면서도 팽팽한 시적 긴장을 유지하면서 살아가기란 결코 쉬운 일이 아니다. 기자로서의 직업이 산문적 현실에 익숙하다면 시인이라는 그의 또 다른 삶은 운문적 정서와 시간을 필히 요구하고 있기 때문이다. 그렇기 때문에 산문적 삶과 시적 삶을 동시에 추구하면서 자신만의 독특한 시적 세계를 견지해 내기 위해 긴장과 성찰의 순간을 한시라도 놓쳐선 안 된다.

그런데 그의 이번 제4시집은 이전의 시적 성취보다 훨씬 원숙해졌을 뿐 아니라 최연식만의 고유한 시적 개성과 풍경을 노래한 시편들이 그 이전보다 더욱 풍부해졌다는 점에서 우리들의 눈길을 잡아끈다. 그의 시가 그 이전보다 훨씬 원숙한 시 세계를 갖고 더 좋아졌다는 것은 그 삶의 질량이 가져온 고통의 폭이 그만큼 컸고, 그의 시적 태도가 이전보다 더더욱 치열한 긴장미를 갖고 살았다는 반증이기도 하다. 왜냐하면 시는 필연적으로 자신의 살과 뼈가 살아온 흔적이므로 거기엔 무엇보다도 자신이 살아온 삶의 이력이 담겨져 있기 때문이다.

최연식 시인이 이번 시집에서 일관되게 보여주고 있는 시적 풍경과 기조는 그 이전 시적 정서의 틀과 크게 다르진 않다. 그의 이번 시집은 시적 자아를 감싸고 있는 대자연과의 화친과 생태적 풍경 그리고 자본의 물신으로 뿌리 뽑힌 사람들에 대한 연민과 생존의 버거움, 아울러 자기 존재와 타자 간의 불화不和하는 현실에 대한 진단으로 채워져 있다. 아울러 그 불화의 시적 풍경은 몰가치한 현실에 대한 파토스적 저항의 몸짓을 보여준다. 그런데 자기 상처를 보듬어내고 사물을 끌어안는 자세는 그의 나이가 말하듯 지천명知天命의 세계관과 맞닿아 있다.

정의와 불의, 사랑과 증오, 적과 동지, 분단과 통일이라는 상충된 세계가 그의 내면에 끊임없이 충돌하고 있지만 그것을 즉자적으로 거부하지 않고 생태적 사유, 상생의 미학에 침윤하고 있다는 데서 그 이전의 시적 사유에 비해 진일보한 것으로 평가하고 싶다. 그가 이전 시집에 보여준 바처럼 사회적 상상력, 날카로운 현실인식이 안받침된 건강한 시적 사유의 틀을 갖고 있으며, 이 세상의 상생과 평화를 깨뜨리는 반생명, 반평화적 실체에 대한 탐구를 지속하고 있다는 사실은 그의 이번 시집 곳곳에서 발견된다.

먼저 이 시집 제1부 실린 시편들을 살펴보자. 제1부는 주로 시적 자아를 에워싸고 자연과 풍경, 즉— 억새, 강, 저녁놀, 밤바다, 봄눈, 달무리, 풍경 등에서 자신의 생의 방법과 삶의 논리를 익혀가는 시적 화자의 진지한 성찰이 담겨 있다.

> 지울 수 없는 인연들
> 하나 둘 합궁하며
> 저 넓은 세상 생명이 되었다
>
> 사랑하고
> 사랑하고
> 또 사랑하고
>
> 잊혀지고
> 다시

또

사랑하고

그렇게 흘러

온전한 한몸이 되었다

—「강」 중에서

서천이 저리 붉은 건

떠나는 걸음이 서운해서다

가슴속

풀어내지 못한 말 한마디

저리 곱게

불타는 거다

—「저녁 놀」 중에서

검푸른 하늘 아래 눈부신 흰 꽃으로

오시는 님 그러다가 이내

눈물로 뒤바뀌는 절명의 시 한 소절

스치다가 문득 한 눈에 반했다

꽃으로 스러지는 인연이었기에

아, 그 새하얀 청춘의 아우성들
목숨의 꽃 대궁에 떨리는 우주 한켠

—「봄눈」 전문

첩첩산중 숨지는 저, 꽃 울음소리
가슴에 묻고 가는
저 붉디붉은 사랑

—「진달래꽃 지는 밤」 중에서

저리도 떠돌아 산 날
아직도 빈손이다

—「귀향」 중에서

아무렇게나 뽑은 시편들을 보더라도 최연식 시인의 시적 인식은 확연히 드러난다. '지울 수 없는 인연들' 이 모여 하나의 '강' 을 이루고, '잊혀지고 다시 또 사랑하는' 존재들이 모여 '한몸' 을 이룬 게 '강' 이라는 인식은 범상치 않는 인식이다. 아울러 '가슴속 풀어내지 못한 말 한마디' 가 쌓여 저녁놀이 되었고, 길가나 산자락의 '봄눈' 을 무심한 눈길로 바라보지 않고, 거기서 그는 '꽃으로 스러지는 인연' 과 '새하얀 청춘의 아우성들' 과 '목숨의 꽃대궁에 떨리는 우주 한켠' 을 찾아내고 있다.

어디 그뿐인가? '진달래꽃 지는 그 밤' 을 떠올리며 이 '가슴에 묻고 가는/저 붉디붉은 사랑' 을 읽어낸다. 이러한 최연식 시인의 시적 자세는 '내 몸에 남겨진 아문 상처는 어루만지며 용서하고 그리워하는데/내 손톱에 찍혀 피 흘린 나목들의 신음소리는 이제야 듣고 아파한다' (「허름한 보폭 사이의 흔적」) 라는 실존적 성찰로 이어진다.

아울러 '저리도 떠돌아 산 날/아직도 빈손이다' (「귀향」) 라는 빈자貧者의 현실인식은 그가 여전히 가난하고, 여리며, 힘없는 자의 시각에서 사물과 인간을 들여다보고 있음을 보여준다. 그의 이러한 시적 인식은 자연과 인간의 합일이라는 육화된 시적 성취를 보여주고 있다는 걸 우리는 깨닫게 된다.

지천명의 탐구, 물신주의와 분단체제에 대한 도전

최연식 이번 시집 제2, 3부 실린 시편들은 지천명知天命에 이른 그가 인식하는 사랑과 인연에 대한 탐구이자, '그리움' 과 '기다림' 등 원초적 삶의 정서와 애환이 묻어 있는 시편들로 묶여져 있다. 또한 자본의 물신주의物神主義에 항거하고자 하는 물외구생物外求生의 세계관과 분단체제가 안겨주는 억압적이고도 반편적半偏的 사고에 대한 도전의 시정신도 드러난다.

생살이 돋는 통증으로 욱신거린다
선택은 제 몫이다
알면서도 아픔을 잊기 위해 자신을 던질
미끼를 맴돈다
수면 위에 찌가 움직인다
어느 놈인가 제 사랑에 목숨을 걸고 있다

— 「붕어」 중에서

인간은 왜 사랑을 하게 되는가? 고독하고 슬프고 미완적 존재이기 때문이다. 단독자單獨者로 태어나서 단독자로 홀로 생을 마감해야 하는 존재인 까닭에 사랑에 대한 시인들의 고해성사는 자기 존재에 대한 물음이며 성찰의 확인이기도 하다. '생살이 돋는 통증으로 욱신거리' 면서도 존재의 '아픔을 잊기 위해 자신을 던질/미끼를 맴돈다' . '사랑' 이라는 그 '미끼' 를 잡아채면 때론 '목숨' 을 잃을 수도 있지만 인간은 사랑을 외면하지 못한다. 그 이유는 자신의 몸속에 숙명적으로 '그리움' 과 '기다림' 이 내장되어 있기 때문이다.

그리움 하나 걸어 놓아야지

별 하나에 걸어놓고

다시 만날 때까지

가끔씩 올려다봐야겠네

—「오늘은」 중에서

그리움을 하나의 '별' 로 인식하는 그의 태도는 삶에의 긴장을 요구하는 자세다. 그의 시적 화폭에서 생의 근원적 이미지로 자주 등장하는 그리움, 기다림의 정서는 그가 도착되지 않은 어떤 사랑에 아직도 목말라 있음을 표현한다.

한 편의 시가 시인 자신만의 독창성과 새로운 사랑의 미학을 배태하지 못한다면 그러한 연시는 그저 그렇고 상투화된 애증의 편린만을 보여줄 뿐 잔잔한 감동을 안겨줄 수 없다. 이 때문에 시인은 시적 순간에 대한 성찰이 깊어야 한다.

"순간이란 작품이 태어나기에 앞서 작품을 잉태하고 있는 침묵으로부터 작품이 태어나는 찰나이며, 또 작품이 어떤 인간적 경험으로부터 정해지는 틈이다"라고 문학평론가 천영숙은 어느 서평에서 말한 바 있다. 순간에 대한 성찰은 시 창작자가 또 다른 세계를 조망하는 행위이며, 여러 사물과 타인과 자기 자신을 연결하는 관계망이기도 하다. 최연식 시인이 미끼를 물고자 달려드는 물속 붕어를 바라보면서 문득 인간의 사랑도 그러하다는 성찰의 한 지점을 보여주고 있다는 것은 그가 사물을 허투루 보아 넘기는 시인이 아님을 뜻한다.

2부에 실린 또 다른 시편 「벽난로 앞에서」 「세상이 텅 빈 이유」 「그대 뒷모습」 등의 작품들은 지천명에 이른 시인의 고요한 심사, 회한과 못 다 한 사랑 속에 들떠 있는 허전한 마음을 이야기하고 있다면 3부에 실린 「철거민」 「셋집구하기」 「잃어버린 둥지」 「출근길」 「그래도 살아야지」 등의 시편은 시인 자신의 육화된 체험의 세계다. 집 없는 사람, 가난한 적빈赤貧의 세계에 머물러 있는 이 땅의 민초民草들과 생존의 질긴 끄나풀 속에 매달려 살아야 하는 동류적同類的 삶에 대한 연대의 어깨동무일 것이다.

아주 내 목을 쳐라, 자본의 바벨탑아
숨 막힐 정도로 누르다가 꼴까닥 넘어갈라치면
다시 놓아주며 포기하라고, 몇 푼 더 줄테니
여기는 더 이상 내 살 곳이 아니라고, 나가달라고
공무집행방해로 고발한다고 어르고 빰치며
겁을 주었다 아 잔인한 생존의 끄나풀들
더 이상 잃을 것 없는 생명들은
맘껏 소리 지르는 것 외에 저항의 방법은 없었다
오늘도 시청 정문 앞에서 점심을 거른 채 소리 지른다

다 같은 생명 다 같은 인간으로 태어났건만
피식 웃으며 지나가는 발걸음뿐
쉰 목소리는 저 멀리 피울음으로 번진다

—「철거민」 중에서

…아파트는 너무 높아 신분 낮은 내 세상이 아니라
스레트 집 곁방 같은 거 13평 부터 나는 연립 같은 거
찾자니 옥수수밭에서 토마토 찾는 격이다
돌고 돌아 어스름 해질녘
창문마다 별이 뜨고 달이 뜨는데 가로수 가지
새로 눈웃음 짓는 눈썹달이
카네기도 죽었고 진시황도 죽었고 김일성도
죽었는데 너는 살아 있다며
길이 끝나는 곳에 길이 있다고
허망하게 내딛는 보폭 사이를 비춰 주었다
가을은 추락하고 있는데

—「셋집 구하기」 중에서

용산참사의 비극이 아직도 해결되지 않은 이 시점에서 그의 시 「철거민」 「셋집 구하기」는 빈자貧者의 한과 설움, 울분을 장탄조로 혹은 기막힌 반전反轉으로 쏟아낸 것이기에 주목을 요한다.

시인은 권력과 자본의 편이 아닌 사회적 약자와 서민의 편에 서야 한다. 도둑질하지 않고 양심을 갖고 살았을 때 자본의 바벨탑을 쌓는다는 것은 무척이나 난망한 일이다. 그러므로 양심을 지닌 시인 자신이 지천명에 이르도록 셋방에서 끝없이 전전해야 하는 시적 풍경은 이 나라 50대 가장家長의 평균치 슬픔이자 대한민국 사회의 엄연한 현실에 대한 증언이기도 하다. 설령 어느 누가 지금 자신의 집을 가지고 있다고 해도 상당 부분은 은행빚에 묶여 있는 형편일 거다.

가난한 자들을 더욱 가난하게 만들고 부자들을 더욱 배불리게 쌀 찌우는 이명박 정부의 세금정책은 우리에게 MB권력이 누구를 위한 것이냐에 대해 이미 다수의 사람들이 잘 알고 있기에 그의 적빈赤貧의 시편에 대해 공감의 폭이 적다고 말할 수는 없다.

그러기에 서민과 중산층을 위해 부자 및 특권세력과 일대전쟁을 치르고서 퇴임 후 고향마을에서 농사를 짓고 살다가 돌연한 죽음을 맞이한 노무현 전 대통령에 대해 최연식 시인은 애절한 추모시를 쓸 수밖에 없었을 것이다. 대한민국 제15대 대통령— 노무현 추모시집 『고마워요 미안해요 일어나요』에 발표된 그의 추모시는 이번 시집에 수록된 뜨거운 절창 가운데 하나이다.

그리하여 용이 되었다.
초롱한 눈망울의 백성을 보며
낮은 곳 높이려고 용틀임 했지만
귀족과 낙타가 바늘구멍 들어가기보다
힘든 자들의 반항으로
그들과 싸우다 곤룡포 벗어야했다.

그리고 본래의 실개천으로 돌아가
가장 낮은 곳의 미꾸라지들과 살려했다.
사람답게 살려했다. 사람 사는 세상 제대로 만들고자 했다.

다시 칼 쥔 자들
촘촘한 그물로 실개천 틀어막고
죄 없는 자 돌로 치라는 말씀 뒤로한 채
선혈이 낭자하도록 송곳으로 찔러댔다.

자신의 아픔이야 견디겠지만
더러워진 실개천에서 울부짖는 미꾸라지들
다시는 용 될 수 없게 짓누르는
장화 발 앞에
맑은 물 되어 함께 살고자
피로써 비 되어 흘러내렸다.

혁명을 꿈꿨다.
부엉이 워-엉 울던 밤
하늘의 별이 떨어지고
아침이 되자
별 진 자리마다 꽃이 피었다.

선혈을 머금고 핀 꽃마다
꽃씨를 날리고
여기저기 내려앉은 자리마다 꽃이 자란다.

혁명을 꿈꿨다.
꽃이 자란다.

—「별 진 자리에 꽃이 피었다」 중에서

아울러 시집 3부에 실린 「새」 「눈이 내리면」 「별을 보았다」 「봄비 내리는 날」 「저 밝은 달을 비추듯」이라는 작품은 풍경을 이야기하되 거기엔 항상 삶의 서사가 깃들어 있는 최연식의 시적 자세를 읽을 수 있다.

민통선 마을과 북녘 땅이 지척으로 보이는 애기봉 근처에 사는 최연식 시인의 시집에 늘상 분단문제와 통일을 주제로 한 시편이 유독 많다는 것을 느낄 수 있었다. 이번

에도 이산가족의 한을 잔잔하게 읊은 시편이 있는가 하면 방북 후 느낀 소회를 담은 시편도 있다. 남북 관계가 이전 정부에 비해 거의 파탄일로에 놓여 있는 안타까운 현실 속에서 다음과 같은 시는 우리에게 민족의 상생과 평화의 문제를 제기해 준다.

> 뻐꾸기 울음 들리면 오시려나
> 하얀 아카시아
> 눈꽃처럼 흩어지고
> 돌담장 찔레꽃 지고 나면 오시려나
>
> 봄날은 꽃잎처럼 시들어
> 시름시름 앓고 있는데
> 낙엽 지는 서러운 날
> 그때 오시려나
>
> 들길 민들레
> 바람에 둥둥 떠가는데
> 하얀 그리움은
> 미움으로 변하는데

—「남남북녀」 전문

이 시집 4부에 실린 시편들은 인간미 넘치는 세상에 대한 갈망과 그리움의 표현일 것이다. 또한 그것은 어머니에 대한 사랑과 추억어린 풍경이 암시하듯(「그 마음」「풍경 · 1」「풍경 · 2」) 원초적 모성에 대한 간절함이기도 하다. 그리고 이것은 자본의 폭력에 대한 반항이며 자기 존재의 근원성을 찾아가기 위한 몸부림이기도 하다.

> 땡볕 아래 늘어진 길을 따라 집에 오면
> 감자 섞은 보리밥 한 그릇 내어주시며
> 옆에 앉아 오이지를 밥술에 얹어 주셨다
> 버짐 핀 얼굴에 흐르는 땀을 닦아 주시며
> 쯧쯧 혀를 차시던 어머니.
> 너 먹는 거만 봐도 배가 부르다던
> 그 말씀 생각하면
> 그때마다 기름진 아랫배가 아프다
> (중략)
>
> 딸년들 웃음소리 뒤로
> 어머니 목소리가 들리는 것은
> 풀길 없는 죄업 깨닫기 때문이다

울분으로 솟는 뒤늦은 사랑
이제야 끓어오르기 때문이다

—「그 마음」 중에서

도시적 삶, 자본주의적 삶은 인간에게 항상 생존의 법칙과 짐승의 시간을 강요한다. 그 끈질긴 강요는 급기야 생활이 주는 비참과 굴욕, 마음의 상처로 인해 막막함과 답답증을 느끼게 된다. 난마처럼 얽힌 혼돈의 시대에서 시인은 필연적으로 몰가치적 현상과 불모적 현실에 대항해야만 자기 정체성을 잃지 않고 깨어있을 수 있다.

이때 틀에 박힌 자본의 생활과 일상적 생존에 대한 비판적 자성自省은 이 세상을 보다 따뜻한, 인간미 넘치는 곳으로 만들고 싶어하는 욕망을 낳게 한다. 세월의 무게에 짓눌려 비루한 일상에 매몰되어야 하는 현실은 '참 뻔뻔하고 죄 많은 인생이다.' (「눈꽃이 피다」)라는 자괴감에 가까운 자기반성을 안겨 주지만, 그것이 이웃에 대한 사랑으로 전화될 때는 버려지고, 잊혀진 것들에 대한 회한과 연민의 시선으로 옮아가기도 한다.

저기 불 밝은 시장통
두런두런 쐬주잔 기울이는
아는 벗들의 얼굴 있으려나

어둑한 바람골 골목에서
붕어빵 굽는 김씨
오늘은 웃으려나

해고 통보 받고
머리띠 두르고 나간
옥탑방 황씨네 보일러는 돌아가려나

겨울방학 동안
주유소 알바 나간
작은 딸년은 귀가했으려나

—「요즘 같은 때」 전문

시인은 자신이 창작한 시편들을 통해 스스로에 대한 자기다짐을 확인한다. 그것은 민중과 민초들에 대한 따스한 연민과 연대의 확인이자 산다는 것의 참 의미에 대한 물음이기도 하다.

'용산에도 눈 감고/평택에도 귀 닫고/밤거리 휘황찬란 비추이던 촛불들/죽어서 살고자 하는 사람들/쳐다보게 하소서' (「…하소서」)라는 다짐은 그러기에 자연스런 현상이다.

지금까지 최연식 시인의 이번 시집에 실린 시적 풍경과 그 미학적 지점을 일별해 보았다. 그는 이번 제4시집을 통해 이전 시집보다 확연히 변별되는 상생의 사유와 성찰과 친화의 세계관을 담아내고 있다. 그와 함께 「입춘대길」 「황산도에서」 등의 시편에서 볼 수 있듯이 강화와 김포 등 고향마을의 서정에 대한 끈질긴 탐구는 매우 소중한 것이다.

이 시집의 마지막에 실려 있는 다음과 같은 시는 시인의 관찰력과 통찰의 내면이 빚어낸 시적 성과로 빛난다. 거기엔 궁핍을 뛰어넘어 더 큰 화엄華嚴의 생명력으로 이 세상을 바라보고자 하는 시인의 애절함이 묻어 있기에 감동을 안겨준다.

그대 젖은 목소리처럼
사근사근 천지를 적시더니

여드름 붉은 뾰루지처럼
수줍게 내민 그 입술

봄볕에 사알살
간지럼 탄다

그러다가 쏘옥 고개 숙이는

해맑은 부끄러움 하나

—「그 봄눈」 전문

최연식 형의 이번 시집은 그가 김포와 강화 땅의 향토시인이 아니라 옹골찬 서정을 지닌 대한민국의 시인으로 당당히 나서게 되었다는 점에서 큰 박수를 보내고 싶다.

■ 이승철 시인

1958년 전남 목포에서 태어나 함평에서 성장했다. 1983년 시 전문무크 『민의』 제2집으로 등단했다. 이후 나남, 인동, 산하출판사 편집장과 황토출판사 대표, 민족문학작가회의 사무국장을 역임했다. 주요 시집으로 『당산철교 위에서』 『총알택시 안에서의 명상』 『세월아, 삶아』 『그냥 놔두라 쓰라린 백년 소원 이것이다』(한반도 대운하 반대 203인 공동시집) 『고마워요 미안해요 일어나요』(노무현 전 대통령 추모 265인 공동시집) 등을 펴냈고, 공동 산문집으로 『58개띠들의 이야기』 등을 펴냈다. 현재 한국문학평화포럼 사무총장, 한국작가회의 이사, 화남출판사 편집주간으로 활동하고 있다.